シリーズ
教師のネタ
1000
①

スキマ時間で 大盛り上がり！

楽しい 教室クイズ 77

教育サークル「大阪ふくえくぼ」

代表 **三好真史** 著

A →
B →
C →
D →
E →

JN069131

黎明書房

はじめに

授業のなかで，ちょっとだけ時間が余ったとき。
活動の合間で，手持ちぶさたな時間ができたとき。
いつもより早く，帰りの準備ができたとき。
そんなときに「クイズをやろうか」といえば，子どもたちは大
喜び。

難しい問題が解けたなら，子どもたちは達成感を感じます。
家に帰ってからも「学校で，こんなクイズをやったんだよ」と
話します。
教室クイズは，楽しい学校生活の一部を作り出すことに貢献し
てくれるのです。

難しすぎず，簡単すぎない。
時間がかかりすぎず，しかしながらスグには解けない。
本書では，そんなちょうど良いレベルのクイズを 77 個集めて
みました。
知的なクイズで子どもたちの好奇心をくすぐり，学校生活をよ
り楽しいものにしましょう！

　※クイズの答えは，次ページの下にあります。

もくじ

I なぞなぞクイズ

子どもたちが大好きな「なぞなぞ」。ちょっとしたスキマ時間も,「なぞなぞ」があれば楽しいレクリエーションの時間に早変わり。頭をひねらないと分からない,やや難しめのクイズを紹介します。

1 □の数字は？

□に入る数字は何でしょう？

60　60　□　365　100

ヒント！

身近な数字で，60 や 365 といえば…

2 ソファの下

ソファの下には，なにがあるでしょうか？

ヒント！

ソファの言い方を変えてみよう。

※ 24（1日は24時間）（分　時間　日　年　世紀）

3 お母さんが男に変身

お母さんにつくと，男になるもの，
なーんだ？

ヒント！

お母さんを，違う言い方にすると…

※ミレド（ドシラソファミレド）

4 カッパの名前

英語で，ゾウはエレファント。

トラはタイガー。

カッパは？

ヒント！

あのカッパじゃなくて…

※丸（ハハ→パパ）

5 百本の花

百本の花が咲いています。

そこから 1 本抜きました。

その花は，何色でしょうか？

ヒント！ ∙

漢字の百を，よーく見て。

※レインコート

6 なんの卵？

卵があります。

ニワトリの卵でしょうか？

それとも，ウサギの卵でしょうか？

ヒント！

ニワトリとウサギって，生まれたときは…

※白

7 シカクでサンカク

形はシカクなのに, サンカクのものっ
て, なーんだ?

ヒント！ ‥‥‥‥‥‥‥‥‥‥‥‥‥‥‥‥‥‥‥‥
サンカクの意味を変えてみよう。

※ニワトリ（ウサギは卵を生まない）

14

⑧ 木の数

木が２本で林。木が３本で森。木が
４本で？

木木
木木 ？

ヒント！

４の言い方を工夫しよう。

※口（形は四角で、３画）

9 なんの漢字？

口に横棒を足すと，日。

日に点を加えると，白。

白に一本引けば，百。

では，百の上に点を２つつける
と？

ヒント! ▪

習った漢字を思い出して…

※ほうき（Four 木）

10 これ, なんさい?

ニンニクは9さい。

ダイコンは8さい。

ワラビは何さい?

ぼくは
? さいです。

ヒント!

ワラビは, 何の仲間かな?

※そんな字はない。(首より横棒が一本足りない)

11 コロの孫

犬のコロの子どもは，ココロ。

では，ココロの子どもは？

ヒント！ ‥‥‥‥‥‥‥‥‥‥‥‥‥‥‥‥‥‥‥‥

コロから見れば，どんな関係？

※3さい（山菜）

II 計算クイズ

ただの計算ではない，ひとひねりが必要な
計算クイズが大集合。算数の授業で早く解
けた子どもに出題してみると良いでしょう。

※マゴコロ

12 数字の数は？

３＋３はいくつでしょう。

$$1 + 1 = 4$$
$$2 + 2 = 2$$
$$3 + 3 = ?$$

ヒント！

式を，声に出して読んでみよう。

13 漢数字の足し算

四十四はいくつでしょう。

一十一＝2
二十二＝4
四十四＝？

ヒント！

どうして数字じゃなくて，漢数字なのかな？

※4（音の数）

マッチ棒を加えると

マッチ棒を一本加えて成立させなさい。

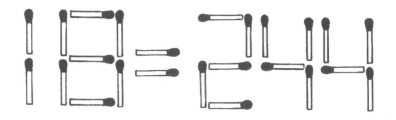

ヒント！

1時間のことを，1Ｈといいます。

※10（画数）

22

15 間の数は？

□にあてはまる数は？

① 159 ─□─ 201

② 359 ─□─ 401

ヒント！　・・・・・・・・・・・・・・・・・・・・・・・・・・

体育のときに使うモノがヒント！

※1日＝24 H

16 線を一本

線を一本足して，式が成立するよう
にしましょう。

① $5+5+5=550$

② $18=1$

ヒント！ ・・・・・・・・・・・・・・・・・・・・・・・・・・・・・・・・

左側のどこかに線を引く。

※① 200 ② 400（ストップウォッチの表示）

17 9を4つ

9を4つつかって，100をつくりな
さい。

9 9 9 9

ヒント！ ・・・・・・・・・・・・・・・・・・・・・・・・・・・・

99と，9と9で…

※① 545 + 5 = 550　② $\frac{10}{10} = 1$

18 ママは2つ

□に入る数字は？

ママ＝2
パパ＝2
おじいさん＝1
おばあさん＝2
おとうと＝0
いもうと＝1
おにいさん＝□

ヒント！

先生の口元に注目しよう。

$$※\ 99 + \frac{9}{9} = 100 \quad (99 + 9 \div 9 = 100)$$

19 夫は1つ

□に入る数字は？

夫＝1

夫人＝2

恋人＝1

知人＝□

ヒント！

漢字の形の共通点を発見しよう。

※1（唇がくっつく数）

20 0と2と5

5と0では5が勝つ。

2と0では0が勝つ。

5と2では，どっちが勝つ？

ヒント！

手の指で，形を作ってみると…

※2（「人」の漢字の数）

21 なんじかな？

朝食→6じ
おやつ→3じ
夕食→？じ

夕食は，なんじでしょうか？

ヒント！

言葉を読み上げてみよう。

※2が勝つ。（0がグーで，2がチョキで，5がパー）

22 どの形？

６−３と，６＋３に関係あるの
は，次のうちのどれ？

ヒント！ ・・・・・・・・・・・・・・・・・・・・・・・

答えは，「何か何」になるはず。

※５じ（読んだときの文字数が５字）

Ⅲ シナリオ付きパターンクイズ

どの問題も，あるパターンに沿って答え
が決まっています。パターンを見いだせ
るかどうか，着眼力が試されます。子ど
もたちに分かるように，オーバーに伝え
てみせるようにしましょう。

※△（3か9）

23 これ・これは・これが

① あるモノを指差しながら、「これ、1の数」と言います。

② 別のモノを指差して、「これは2の数」と言います。

③ さらに、別のモノを指差して「これが3の数」と言います。

④ 「これは？」と聞きながらモノを指差します。指差すモノは、これまでに示したモノでもよいし、全く別のモノでもかまいません。

ヒント！

先生の言い方に、違いはないかな？

（※speech bubbles）これ 1の数 / これは 2の数 / これが 3の数 / これは？ 1の数 ブー 2の数

24 基本の数です　これは？

① 基本の数として，指を2本見せます。

② 「これは2です」と言いながら，1本の指を見せます。

③ 「これは1です」と言いながら，3本の指を見せます。

④ 「では，これは？」と，5本の指を見せます。同じようにして，次々に新しい指を見せ，数を言います。

ヒント！ ■ ■ ■ ■ ■ ■ ■ ■ ■ ■ ■ ■ ■ ■

手の形と数を覚えてみると…

※ 2。「これ」のときは1。「これは」は2。「これが」が3。

25 これいくつ？

① あるモノを1本の指でさわりなが
ら，「これ，1の数」と言います。

② 別のモノに2本の指でさわりなが
ら，「これは2の数」と言います。

③ さらに別のモノを3本の指でさわ
りながら，「これが3の数」と言
います。

④ 「これは？」と聞きながら，モノを
さわります。さわるモノは，これ
までに示したモノでもよいし，全
く別のモノでもかまいません。

ヒント！

さわっている手に注目しよう。

※ 3。前に出した指の数を言っている。

26 タコのおどりとイカのおどり

① 両手の指を4本ずつ立てて横に広
　げながら、「これは，タコのおどり」
　と言います。

② 両手をパーにして手を上下に振り
　ながら，「これは，イカのおどり」
　と言います。

③ 両手の指を4本立てて上にかざし
　ながら，「これは？」と尋ねます。
　いろいろなところに手をやり，ふっ
　てみせます。

ヒント！ ■ ■ ■ ■ ■ ■ ■ ■ ■ ■ ■ ■ ■

タコとイカの違いは，アレだ！

※さわっている指の本数。「1の数」なら，指1本でさわっている。

27　神のおどり　意志のおどり

① 両手を広げてヒラヒラさせ，「こ
れは，神のおどり」と言います。

② 両手を握って，「これは，意志の
おどり」と言います。

③ もう一度，両手を広げてヒラヒラ
させ，「では，これは？」と尋ね
ます。様々な動きを繰り返します。

ヒント！
＿＿＿＿＿＿＿＿＿＿＿＿＿＿＿

神は，神じゃなくて…
＿＿＿＿＿＿＿＿＿＿＿＿＿＿＿

※タコのおどり。イカのときは，指が 10 本。タコのときは，指が 8本。

28 水とミルク

① コップを見ながら「これは，ミルク」と言います。

② コップをかかげて，「これは，水」と言います。

③ コップを見つめながら，「では，これは？」と尋ねます。分かるまで，何度も繰り返します。

ヒント！ ▪ ▪ ▪ ▪ ▪ ▪ ▪ ▪ ▪ ▪ ▪ ▪ ▪ ▪

先生の顔の動きをよく見て！

※神のおどり。神のときは，手がヒラヒラと紙になっている。
　意志のときは，グー（石）になっている。

29 これなんばい？

① 水の入ったグラスを指差して、「これ1ぱい」「これは2はい」「これが3ばい」と説明します。

② 「これ，なんはい？」と尋ねて、「2はい」であることを確認します。

③ 「これはなんばい？」と尋ねます。「ばい」の部分を強調して言います。

ヒント！

数え方に気をつけて。

※先生が見ているときは，ミルク（見る）。見ていないときは水（見ず）。

30 2の形

① 「これ，2の形」と言いながら，手元で三角形を描きます。

② 「これは3の形」「これならば5の形」と言いながら，次々と形を描きます。

③ 「これだと？」と言いながら，直線を描きます。

ヒント！

指し示す言葉に注目！

※3ばい。数え方が「ぱい」なら1ぱい，「はい」なら2はい，「ばい」なら3ばい。

31　テクテク

① 1歩あるいて，モノを指差しながら「これが1」と言います。

② 2歩あるいて，新しいモノを指差し「これが2」と言います。

③ 3歩あるいて，別のモノを指差して「これが3」と言います。

④ 3歩あるいて，また別のモノを指差して，「これは？」と尋ねます。

ヒント！

先生の動きに違和感はないかな？

※「これ」などの言葉の文字数が答えになる。「これだと」は4。

32 ミミズとヘビ

① 「ミミズとヘビがいます」と言います。

② 「これは？」と尋ねながら指を動かして，「ミミズ」であることを確認します。

③ 「じゃー，これは？」と尋ねながら指を動かして，「ヘビ」であることを確認します。

④ 違う動きをやって見せながら，「じゃー，これは？」と尋ねます。

ヒント！

モノを指す前の言葉に気をつけて！

※ 3。言いながらあるいている数。1歩だと1，2歩だと2，3歩だと3。

III

シナリオ付きパターンクイズ

33 神技と人間技

① 頭をさわりながら,「これが神技です」と言います。

② 踊って見せながら,「これが人間技です」と言います。

③ 「では, これは?」と尋ねながら, 頭をさわります。いろいろな動きをやって見せながら出題します。

ヒント！ ・・・・・・・・・・・・・・・・・・・・・

体の一部に注目しよう。

※ヘビ。「じゃあ」（蛇）というと, ヘビになる。

IV かたちクイズ

黒板に形を描いて出題します。いろいろな
特徴のある形を見て，そこから答えを考え
ます。子どもたちは，いろいろな紙に描き
写して，答えを導き出そうとすることで
しょう。

※神技。髪をさわっていたら，神技（かみわざ）になる。

34 どっちのマル？

?に入るのは〇か◎，どっちかな？

ヒント！

〇の真ん中に〇が入っているモノといえば？

35 エンをかいて

○に色をぬり，エンをかきなさい。

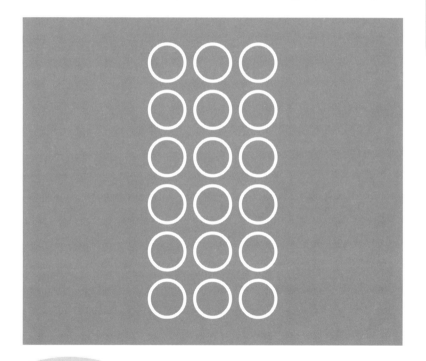

ヒント！

「エン」といえば，あの形…

※○。左から，1円玉，5円玉，10円玉，50円玉，100円玉，500円玉。

IV
かたちクイズ

45

36 上と横から

これ，なーんだ？

上から見たときの形　　**横から見たときの形**

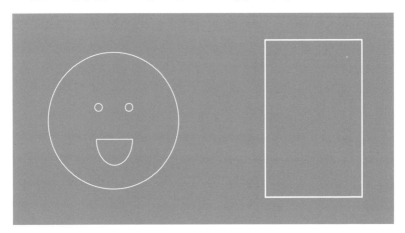

ヒント！

手に持って使うもの。

※ ●●●（¥）
46

37 一筆書き

次の形を，一筆で描きなさい。

ヒント！

鉛筆を離さずにチャレンジ！

※空き缶。

38 「正」の字一筆書き

「正」の字を一筆で書きなさい。

ヒント！

太く書かれているのには，どんな意味があるのかな？

※一筆書きの解答例は 93 ページ参照。

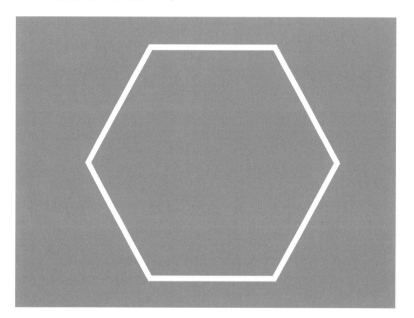

39 六角形と線

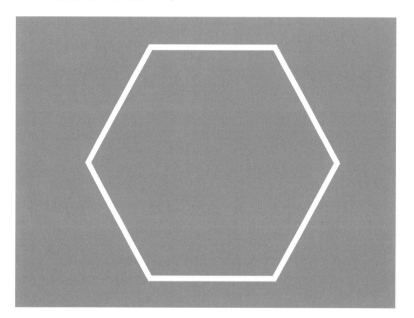

六角形に線を１本ひき，三角形２つに分けなさい。

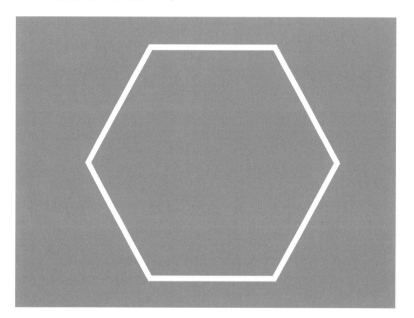

ヒント！

「どんな線」を引くかは，自由。

※ 正 の輪郭線の縁をつたう。

49

40 □でエン

□をつかって，エンを書きなさい。

ヒント！

どう考えても「エン」としか読めないように
してみよう。

 ※ 真ん中に太い線を引く。

50

41 10円玉を動かして

1枚だけ動かして，縦からみても横から見ても40円になるようにしなさい。

ヒント！

合わせても70円しかない。ということは…

※園。

42 三角形をさかさまに

２つ動かして，三角形を逆さまにしてください。

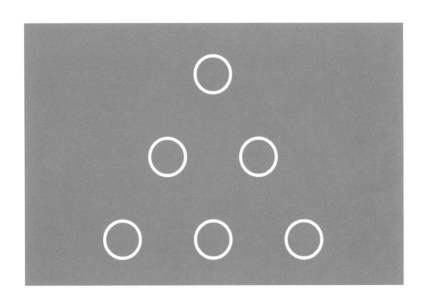

ヒント！

下向きの三角形になれば OK。

※ここに２枚重ねる→ **⑩** ⑩ ⑩
　　　　　　　　　　　⑩
　　　　　　　　　　　⑩

43 己を4等分

己の形を，全く同じ形に4等分しなさい。

ヒント！

四角形にしなくてもいいよ。

※（●を動かす）

44 点線描き

紙から鉛筆を離さずに，点線を描きなさい。

ヒント！

離してはいけないのは，「鉛筆」。

※

54

V ひっかけクイズ

先生の問題に沿って答えていたら，いつの間にか引っかかってしまう。そんな，ちょっぴり悔しい思いをするひっかけクイズを紹介します。

※鉛筆をひっくり返しながら線を引く。

45 「知らない」って言っちゃダメ

先　生「動物の鳴き声を言います。その動物の名
　　　　前を当ててください。ただし,『知らな
　　　　い』って言った
　　　　らダメですよ」

先　生「ワンワンは？」

子ども「犬です」

先　生「ニャンニャンは？」

子ども「ネコです」

先　生「モーモーは？」

子ども「牛です」

先　生「みんな,すごい！　このゲーム,知って
　　　　たんじゃないの？」

子ども「知らないよ！」

先　生「言いましたね。先生の勝ち」

子ども「…あ」

46 「黄色」って言っちゃダメ

先　生「今から言う色を繰り返して言ってくださ
　　　　い。ただし，黄色って言ったらダメです
　　　　よ。赤色」

子ども「赤色」

先　生「黄色」

子ども「…」

先　生「すばらしいですね。紫色」

子ども「むらさきいろ」

先　生「ハイ，アウトです」

子ども「ええっ！　どうして？」

先　生「『むらさ，きいろ』だからね」

子ども「あ！」

47 「赤色」って言っちゃダメ

先　生「今から言う色を，繰り返して言ってくだ
　　　さいね。ただし，赤色って言っちゃダメで
　　　す。黄色」
子ども「黄色」
先　生「緑色」
子ども「緑色」
先　生「赤色」
子ども「…」
先　生「すばらしいね。茶色」
子ども「茶色」
先　生「ブー」
子ども「え？」
先　生「茶色って言っちゃダメなんだよ」
子ども「そんなの，聞いてないよ」
先　生「そう？　何色って言ったっけ？」
子ども「赤色」
先　生「ブー。言ったね」
子ども「あ！」

48 しゃべっちゃダメ

先　生「先生が『終わり』と言うまで，絶対にしゃ
　　　　べってはいけません。今日は，いい天気
　　　　ですね」
子ども「……」
先　生「今日は，帰ってから何をするのですか？」
子ども「……」
先　生「ああ，悔しい。先生の負けです。すばら
　　　　しい。よくガマンできましたね」
子ども「やったあ！」
先　生「はい，しゃべった。アウト」
子ども「ええっ！？」

49　2回同じことを言っちゃダメ

　先　生「同じ答えを，2回以上言ったらダメです
　　　　　よ。空を飛ぶのは何ですか？」
　子ども「鳥です」
　先　生「ワンワンと吠えるのは何ですか？」
　子ども「犬です」
　先　生「空を飛ぶのは何ですか？」
　子ども「…」
　先　生「うーん，すばらしいですね。ニャンニャ
　　　　　ン鳴くのは，何ですか？」
　子ども「ネコです」
　先　生「トラ？」
　子ども「ネコです」
　先　生「はい，言ったね」
　子ども「…あ！」

50 キリンの首

キリンの首があります。A〜Eのなかで，一番長いところは，どこからどこまででしょうか？

ヒント！

どことどこを選んでもよい。

無人島に一軒の小屋があります。風が吹いていないのに, 閉じたりしまったりしています。なぜでしょうか？

ヒント！

言葉を, よ〜く聞いてみよう。

※AからE

52 運転手の年齢

あなたはバスの運転手です。最初のバス停で，5人乗りました。次のバス停で，3人乗って2人降りました。3つ目のバス停では，10人乗りました。さて，バスの運転手の年齢はいくつでしょうか？

ヒント！

バスの運転手は，誰だったかな？

※「閉じたりしまったり」だから，扉は閉じたまま。

53 エスカレーターの上下

これは，くだらない問題です。

エスカレーターがあります。

上りでしょうか？

下りでしょうか？

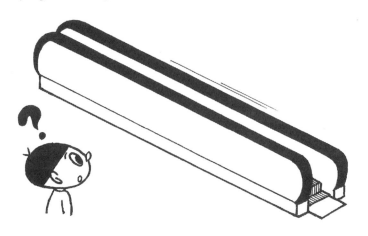

ヒント！ ‥‥‥‥‥‥‥‥‥‥‥‥‥‥‥‥‥‥

はじめの言葉をよく聞いて！

※自分の年齢（「あなたはバスの運転手」だから）

54 川と橋

川の向こうの家へ行きたいです。最短ルートでたどり着くためには，橋をどこにかければよいでしょうか？

ヒント！ ‥‥‥‥‥‥‥‥‥‥‥‥‥‥‥‥‥‥‥‥

橋は，真っ直ぐのものだけ。大きさは自由。

※上り（「下らない」から）

55 走る太郎君

太郎君が運動場のトラックを走って
います。太郎君の，前にも後ろにも，
5人が走っています。さて, 何人走っ
ているでしょうか？

ヒント！

トラックを走っているところを想像して。

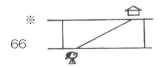

VI 思考系クイズ

よーく考えないと答えが出ない，超難問ク
イズ。たっぷりと時間を設けておこないま
しょう。友達と相談しながら答えを考える
ようにすると良いでしょう。

※太郎君を入れて6人（円形に走っている）

56 ケーキの8等分

ケーキを8等分します。3回で切りなさい。

ヒント！ ・・・・・・・・・・・・・・・・・・・・・・・・

いろいろな方向から切ってみよう。

51 バスと進行方向

バスの進行方向はどっち？

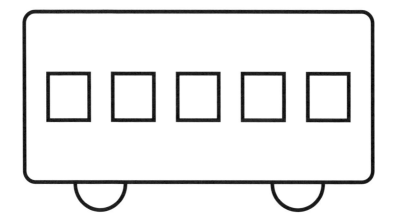

ヒント！

バスの形を思い出してみよう。

※十字に切ったあと，横から切る。

58 男の子とエレベーター

マンションの 10 階に住んでいる男の子が，降りるときはエレベーターなのに，のぼるときは階段をつかいました。どうしてなのでしょうか？

ヒント！ ・・

男の「子」だから…

※右向き（手前に入り口がないから）

59 バイ菌の数

あるバイ菌を，バケツの中に入れました。
バイ菌は，1秒経つごとに，1→2，2→4，
4→8というように，数を増やしていきます。
バイ菌は，1分でバケツ満タンになりました。
バイ菌がちょうどバケツの半分になるのは，
何秒後のことでしょうか？

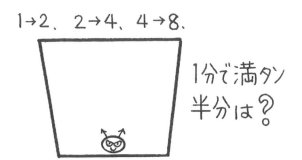

1→2、2→4、4→8.

1分で満タン
半分は？

ヒント！

満タンになる時から，逆に考えると…

※背が低くて，10階のボタンが届かなかったから。

60 嘘つき村と正直村

嘘つき村と正直村があります。どちらの村の前にも，番人が立っています。しかし，どちらの村の番人が立っているかは分かりません。あなたは，正直村に行こうとしています。それぞれの番人に，1つだけ質問をすることができます。どのように尋ねればよいでしょうか？

ヒント！ ・・・・・・・・・・・・・・・・・・・・・・・・・・・・

正直村に間違いなく行ける質問とは？

※ 59秒（60秒で満タンだから，1秒前がその半分）

61 9枚の金貨

9枚の金貨の中に，1枚だけニセモノが混ざっています。ニセモノだけが軽いので，はかりで調べることにしました。できるだけ少ない回数で，その金貨を見つけだしなさい。

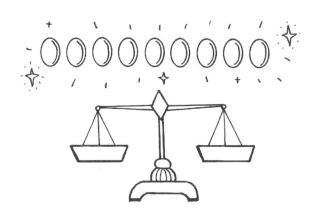

ヒント！

3回…ではない。

※「あなたの村は，こちらですか？」と指差す。

駐車場に車が１台とまっています。
車があるので，数字が見えません。
その数字は，何でしょうか？

16　06　68　88　⬚8　98

ヒント！

　見方を，いろいろ変えてみよう。

※３枚をおいておき，３枚ずつはかる。もし偏りがでた場合，そこから１
枚ずつをはかる。偏りが出ない場合は，余っていた３枚のうち，１枚ず
つをはかる。

74

63 ショートケーキの日

ショートケーキの日があります。

毎月 22 日です。

さて，どうしてかな？

7	8	9	10	11	12	13
14	15	16	17	18	19	20
21	**22**	23	24	25	26	27

ヒント！

上の数字は何かな？

※ 87（右から 86，□，88，89，90，91 の順になっている）

64 コップの水

水が入っているコップと，空のコップがあります。

コップを2回動かすだけで, 水が入っているコップがすべてとなりあうようにできるでしょうか？

ヒント！

コップの水を移す。

※カレンダーの 22 の上に 15（いちご）があるから。

線香ではかろう

ここに，1時間で燃え尽きる線香があります。これを使って，45分をはかるには，どうすればよいでしょうか？　線香は，いくつ使ってもかまいません。

1時間で燃え尽きる線香

ヒント！ ■ ■ ■ ■ ■ ■ ■ ■ ■ ■ ■ ■ ■ ■ ■ ■ ■ ■

　線香は，2本使うよ。

※コップの中身を移し替える。

66 木を登るかたつむり

10ｃｍの木を登るかたつむりがいます。
1日に5ｃｍ登って4ｃｍ落ちていきます。
てっぺんまで登るのは，何日後でしょうか？

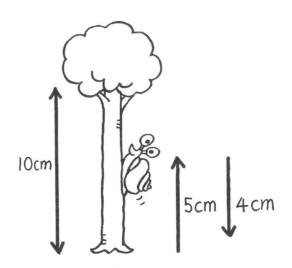

ヒント！

どこまで上がるかを考えよう。

※1本目には，両側に火をつける。2本目には，片側に火をつける。1本
目が尽きたところで，2本目のもう片側に火をつける。

Ⅶ あるなしクイズ

先生が提示する言葉には，どこかに決まりがあります。決まりに気づくことができるよう，教師は少しずつヒントを与えましょう。規則性を見つけ，答えを考える「あるなしクイズ」を紹介します。

※6日目。6日目に5cm登って，てっぺんに到達。

次の言葉の中で，仲間はずれはどれ
でしょうか？

サイコロ　手　トランプ　旗　ラケット

ヒント！

① サイコロを，どうするかな？

② 「どう使うか」を，考えよう。

③ 1つだけ，違う使い方があるよ。

68 曜日の仲間はずれ

この中で，仲間はずれはどれでしょうか？

月 火 水 木 金 土

① 後ろに，言葉が続くよ。

② 1つだけ，言葉がつけられないものがあるよ。

③ 宇宙にある言葉だよ。

※トランプ（ふることができない）

□に入る漢字は？

親　人　中　□　小

※月（星がつかない）

70 読み方仲間はずれ

次の中で，仲間はずれはどれ？

日本　会社　学校

学力　日曜

ヒント！

① 字を，よーく見てみよう。

② 読み方が大切です。

③ 左から読んだり，右から読んだりしてみよう…

※薬（指の名前）

71 生き物仲間はずれ

仲間はずれは，どれでしょうか？

ハト　　カブ
ヒト　　サケ
オト

ヒント！

① ゆっくり読んでみよう。

② 2つの文字の間に，なにかが入るよ。

③ ハトは，ゆっくり読むと，「ハート」だね…

※学校（「本日」のように，反対から読めない）

72 3文字の共通点

仲間はずれは，どれでしょうか？

みなみ	ふさく
くさち	こやし
あらし	ひつじ

ヒント！

① 3文字ではなく，2文字で考えます。

② ある文字を，消してみましょう。

③ 消したうえで，仲間はずれを考えてみよう。

※サケ（真ん中に「ー」（音引き）が入れられない）

73 色の仲間はずれ

赤 青 黄 緑 白 黒

この中で，仲間はずれはどれでしょうか？

ヒント！

① スポーツ。

② 5色そろって，1つのマークに。

③ 4年に1回の行事。

※ふさく（真ん中の文字を消すと，体の一部でない）

74　動物仲間はずれ

仲間はずれはどれ？

タイ　カバ
イカ　ゾウ
タコ

ヒント！

① 食べ物で考えると…

② うしろに，ある言葉がつくよ

③ タコ○○は，こうやって食べるよね…（食べるフリ）

※白（オリンピックの五輪旗の色にない）

75 こわいものとこわくないもの

ヘビはこわいけど，トカゲはこわくない。たき火はこわいけど，コタツはこわくない。フトンはこわいけど，ベッドはこわくない。では，イスは？

ヒント！

① こわくないものに，共通点があるよ。
② お化けを想像してみよう。
③ お化けには，○○がないよね…

※ゾウ（後ろに「焼き」の字がつかない）

88

次の中で，仲間外れはどれでしょうか？

葉　花　桃　芽　梅

ヒント！

① 声に出して考えよう。

② 読み仮名だけ見てみよう。

③ みんなのどこかに，あるかな…？

※こわくない（足があるから）

77 調味料仲間はずれ

次の中で，仲間はずれはどれでしょうか？

しょうゆ　みそ　しお
さとう

ヒント！

① 後ろに言葉が続くよ。

② あの食べ物の味。

③ こうやって食べるよね。（食べるフリ）

※梅（ウメは体の一部にない）

付録
★10回クイズ！

定番の10回クイズ。ある言葉を10回言わせたあと，続けてクイズを出題します。うまくいかなくて引っかかってしまうと，教室全体に笑いが起こります。

●桃太郎って10回いって。カメをいじめていたのは？

　（×浦島太郎　○子ども）

●ピザって10回いって。ここは？（×ひざ　○ひじ）

●シャンデリアって10回いって。毒リンゴを食べたのは？

　（×シンデレラ　○白雪姫）

●スプーンって10回いって。スパゲティを食べるのは？

　（×フォーク　○人間）

●日焼けって10回いって。ニワトリが産むのは？

　（×ヒヨコ　○卵）

※さとう（ラーメンの味にない）

●わらびって 10 回いって。おでんにつけるのは？

（×わさび　○からし）

●イカリングって 10 回いって。首にかけるのは？

（×イヤリング　○ネックレス）

●温泉って 10 回いって。3000 の次は？

（× 4000　○ 3001）

●じんじゃって 10 回いって。人の家に忍び込むのは？

（×忍者　○どろぼう）

●ゼッケンって 10 回いって。頭を洗うときに使うものは？

（×せっけん　○シャンプー）

●キャンパスって 10 回いって。角度を測るのは？

（×コンパス　○分度器）

●シーサーって 10 回いって。公園で，前や後ろに動く遊具は

何？（×シーソー　○ブランコ）

●「高いな」って 10 回いって。サンタクロースが乗っている

のは？（×トナカイ　○ソリ）

●たこ焼きって 10 回いって。鯛を焼いたものを何ていう？

（×鯛焼き　○焼魚）

●かわいいって 10 回いって。（…ありがとう。）

●バブって 10 回いって。（…赤ちゃんみたいだね。）

●ショボンって 10 回いって。（…落ち込まないで。）

●アウストラロピテクスって 10 回いって。

（…お疲れさまでした。）

一筆書き （47ページ） 解答例

※スタート地点には〇印が付けられています。

著者紹介
三好真史

　1986 年大阪府生まれ。

　大阪教育大学卒業。

　堺市立小学校教諭。

　教育サークル「大阪ふくえくぼ」代表。

　メンタル心理カウンセラー。

　主な著書に『子どもがつながる！クラスがまとまる！学級あそび 101』（学陽書房），『教師の言葉かけ大全』（東洋館出版），『おカタい授業にクスリと笑いを！教室ギャグ 77』『そのまま使える！学級通信のイイ話 77』（以上，黎明書房）等がある。

＊イラスト・伊東美貴

スキマ時間で大盛り上がり！ 楽しい教室クイズ 77

2020 年 8 月 1 日　初版発行
2021 年 12 月 5 日　3 刷発行

著　者	三　好　真　史
発 行 者	武　馬　久仁裕
印　刷	株式会社太洋社
製　本	株式会社太洋社

発　行　所　　　　株式会社　黎　明　書　房

〒460-0002　名古屋市中区丸の内 3-6-27　EBS ビル　☎ 052-962-3045
　　　　　　　　　FAX 052-951-9065　振替・00880-1-59001
〒101-0047　東京連絡所・千代田区内神田 1-4-9　松苗ビル 4 階
　　　　　　　　　　　　　　　　　　　　　☎ 03-3268-3470